EDICIONES ANTÍGONA

Teatro

EDICIONES ANTÍGONA

© Jean-Luc Lagarce, 2024
© Traducción: Coto Adánez, 2024
© Para todos los países en lengua española:
Ediciones Antígona, S. L.
C/ Prim 15, local. 28004 (Madrid)
Tel: 91.119.17.32 / 640.631.054
info@edicionesantigona.com
www.edicionesantigona.com

Primera edición, 2024

Directora de la colección: Conchita Piña
Diseño de cubiertas: IJdesign sobre una fotografía de Pedro Chamizo
Director editorial: Isaac Juncos Cianca

ISBN: 978-84-10060-28-9
Depósito legal: M-23250-2024

Impreso en España / Printed in Spain

Jean-Luc Lagarce

Tan solo el fin del mundo

Traducción de Coto Adánez

ÍNDICE

Nota sobre la traductora

Coto Adánez es licenciada en Filología Francesa por la UCM. Especializada en traducción audiovisual y teatral. Miembro de ACE, ATRAE Y ASSITEJ.

En 2003 funda 36caracteres, empresa de traducción audiovisual (cine, teatro, ópera) donde, desde entonces, traduce y gestiona proyectos, especialmente de sobretitulado de teatro.

En sus veinticuatro años de experiencia ha traducido más de mil películas y ha traducido y sobretitulado más de ochenta obras de teatro. Esto le ha permitido trabajar con compañías y dramaturgos como Peter Brook, Robert Lepage, Patrice Chéreau, Wajdi Mouawad, Georges Lavaudant, Luc Bondy, Simon Abkarian, Marie Brassard, TgStan, Robert Wilson, Comédie Française, Théâtre Vidy-Laussane, Mohamed El Khatib, David Lescot, Vincent Macaigne, Caroline Guiela Nguyen, Cheek by Jowl...

Ha traducido varias obras de Pascal Rambert (*La clausura del amor*, *Ensayo*, *Hermanas*, *El arte del teatro*, *Finlandia*, *3 Anunciaciones*), dirigidas por él, traducciones que también se han montado en Latinoamérica.

Para editoriales o lecturas dramatizadas ha traducido textos de Wajdi Mouawad (*Todos pájaros*, *Madre*), Pauline Peyrade

(*Puños*), Koffi Kwaulé (*Samo. Un tributo a Basquiat*), Laurène Marx (*Por un tiempo sé poco*), Baptiste Amman (*La trucha*), Rébeca Déraspe (*Fanny*), Théo Askolovitch (*Zoé. (Y ahora los vivos)*), Claire Barrabès (*La pincita*), Monique Wittig (*El viaje sin fin*), Henri Bornstein (*Oigo latir su corazón*), David Lescot (*Retrato de Ludmila como Nina Simone*), MarDi (*Señora Tentación*), Suzanne Lebeau (*Tres hermanitas, Gretel y Hansel, Salvador. El niño, la montaña y el mango, Una luna entre dos casas, El ruido de los huesos que crujen, Antígona bajo el sol del mediodía, Los pequeños poderes, Escribir para el público joven*).

Fue nominada a los Max 2015 por su traducción de *La clausura del amor*, de Pascal Rambert, y al premio María Martínez Sierra, de la Asociación de Directores de Escena por *La clausura del amor* y *Finlandia* de Pascal Rambert.

DRAMATIS PERSONAE

LOUIS, 34 años

SUZANNE, su hermana, 23 años

ANTOINE, su hermano, 32 años

CATHERINE, mujer de Antoine, 32 años

LA MADRE, madre de Louis, Antoine y Suzanne, 61 años

Todo pasa en casa de LA MADRE *y de* SUZANNE, *un domingo, evidentemente, o incluso quizá a lo largo de todo un año.*

Ficha artística y técnica

Tan solo el fin del mundo se estrenó el 29 de noviembre de 2023
en las Naves del Español en Matadero,
con dirección de Israel Elejalde

Reparto (por orden alfabético):

Irene Arcos (Cathérine), Gilbert Jackson (Alter ego de Louis),
Yune Nogueiras (Suzanne), Raúl Prieto (Antoine),
María Pujalte (La Madre) y Eneko Sagardoy (Louis).

Raúl Prieto recibió el premio Talía 2024 de la Academia de las
Artes Escénicas de España a mejor actor de reparto

Diseño espacio escénico - Monica Boromello
Diseño de iluminación - Paloma Parra
Diseño de sonido - Sandra Vicente
Diseño de vestuario - Sandra Espinosa
Composición musical - Alberto Torres
Diseño de videoescena - Pedro Chamizo
Ayudante de dirección - Toni García
Traducción texto - Coto Adánez
Fotografías - Vanessa Rábade
Vídeo - David González
Producción ejecutiva - Pablo Ramos Escola
Dirección de producción - Aitor Tejada y Jordi Buxó
Distribución - Caterina Muñoz Luceño

Una coproducción de Teatro Español y Teatro Kamikaze

PRÓLOGO

LOUIS
Más tarde, al año siguiente,
—me tocaría morirme—,
ahora tengo casi treinta y cuatro años y con esta edad
moriré,
al año siguiente,
llevaba ya muchos meses esperando, sin hacer nada,
haciendo trampa, sin saber ya nada,
muchos meses esperando a que todo acabara,
al año siguiente,
como cuando a veces apenas te atreves a moverte
ante un peligro extremo, de manera imperceptible, sin
querer hacer ruido o ejecutar un gesto demasiado brusco
que despertaría al enemigo y te destruiría de inmediato,
al año siguiente,
a pesar de todo,
el miedo,
corriendo ese riesgo y sin tener jamás esperanza de
sobrevivir,
a pesar de todo,
al año siguiente,

decidí volver para verlos, volver sobre mis pasos, volver tras mis huellas y hacer el viaje,
para anunciar, poco a poco, con cuidado, con cuidado y precisión
—o eso creo—,
poco a poco, con calma, con comedimiento
—¿y acaso no he sido siempre para los demás y para ellos en concreto, no he sido siempre un hombre comedido?—,
para anunciar,
decir,
solo decir
mi muerte inminente e irremediable
anunciarla yo mismo, ser su único mensajero,
y que parezca
—quizá lo que siempre quise, quise y decidí, bajo cualquier circunstancia y hasta donde me atrevo a recordar—,
y que parezca que en esto también puedo decidir,
hacerme y hacer a los demás, y a ellos en concreto, a ti, a vosotros, a ella, también a esos que no conozco (ya es tarde qué se le va a hacer),
hacerme y hacer creer a los demás por última vez que soy responsable de mí mismo y que soy, hasta en esta circunstancia extrema, dueño de mí mismo.

PRIMERA PARTE

ESCENA I

SUZANNE
Esta es Catherine.
Ella es Catherine.
Catherine, este es Louis.
Él es Louis.
Catherine.

ANTOINE
Suzanne, por favor, deja que pase, déjale pasar.

CATHERINE
Está contenta.

ANTOINE
Parece un perrillo.

LA MADRE
No me digas, pero qué acabo de oír, es verdad, se me
había olvidado, no me digas, no se conocen.
Louis, ¿no conoces a Catherine? No me digas, ¿no os
conocéis, nunca os habéis visto, nunca?

ANTOINE
¿Pero cómo van a conocerse? Lo sabes perfectamente.

LOUIS
Me alegro mucho.

CATHERINE
Sí, yo también, claro, yo también. Catherine.

SUZANNE
¿Le das la mano?

LOUIS
Louis.
Ya lo ha dicho Suzanne, acaba de decirlo.

SUZANNE
Le das la mano, le da la mano. ¿No irás a darle la mano,
no? No van a darse la mano, ni que fueran dos extraños.
No cambia, así es como yo le veía,
no cambias,
no cambia, así es como me lo imagino, Louis no cambia,
y con ella, con Catherine, con ella, congeniarás, congeniaréis sin problema, ella es igual, congeniaréis.
No le des la mano, dale un beso.
Catherine.

ANTOINE
Suzanne, ¡es la primera vez que se ven!

LOUIS
Voy a darle un beso, tiene razón, perdón, me alegra cono-
cerla, ¿puedo?

SUZANNE
Ves, lo que yo decía, hay que decírselo.

LA MADRE

Pero ¿quién me ha metido esa idea, se me ha pasado esa idea por la cabeza? Ya lo sabía, pero es que yo soy así,
jamás habría podido imaginar que no se conocían,
que no os conocíais,
que la mujer de mi otro hijo no conocía a mi hijo,
eso no lo habría imaginado,
ni concebido.
Qué vida más rara lleváis.

CATHERINE

Cuando nos casamos, no vino y desde entonces, el tiempo ha pasado y no ha surgido la ocasión.

ANTOINE

Si lo sabe de sobra.

LA MADRE

Sí, no me lo expliquéis, qué bobada, no sé por qué lo preguntaba,
no, si lo sé, pero se me olvidaban, se me habían olvidado todos esos años,
no me acordaba hasta ese punto, eso es lo que quería decir.

SUZANNE

Ha venido en taxi.
Estaba en la parte de atrás de casa y oigo un coche,
he pensado que te habías comprado un coche, cómo iba a saberlo, sería lo lógico.
Te estaba esperando y por el ruido del coche, del taxi, inmediatamente he sabido que llegabas, he ido a ver y era un taxi,
has venido en taxi desde la estación, os lo dije, no me parece bien, podía haberte ido a buscar,

17

tengo mi propio coche,
mira, tú me llamas ahora y salgo inmediatamente a por ti,
no tenías más que avisar y esperarme en un café.
Ya dije que harías eso,
se lo dije a ellos,
que cogerías un taxi,
pero todos dijeron que tú ya sabías lo que tenías que hacer.

LA MADRE
¿Qué tal el viaje? No te lo he preguntado.

LOUIS
Estoy bien.
No tengo coche, no.
¿Y tú, cómo estás?

ANTOINE
Bien.
¿Y tú, cómo estás?

LOUIS
Bien.
Tampoco hay que exagerar, no es un viaje largo.

SUZANNE
Ves, Catherine, lo que yo decía,
es Louis,
nunca besa a nadie,
siempre ha sido así.
Ni a su propio hermano besa.

ANTOINE
¡Suzanne, déjanos en paz!

SUZANNE
¿Qué he dicho?

No te he dicho nada, si a este no le digo nada,
¿estoy hablando contigo?
¡Mamá!

Escena II

CATHERINE
Están en casa de su otra abuela,
no podíamos saber que vendría,
y quitárselos en el último momento, no lo habría aceptado.
Les habría encantado verle, de eso no hay ninguna duda,
—¿no?—,
y a mí también, y a Antoine igual,
nos habría encantado, evidentemente, que por fin le conocieran.
No se imaginan cómo es usted.

La mayor tiene ocho años.
Dicen, pero yo no me doy cuenta,
no soy la más adecuada,
todo el mundo lo dice,
dicen,
y esas cosas nunca me parecen muy lógicas
—son solo, ¿cómo decirlo?, para hacer gracia,
¿no?—,
no sé,
dicen y no diré yo lo contrario, que se parece a Antoine,
dicen que es su vivo retrato, en niña,
clavadita.
La gente siempre dice cosas así, lo dicen de todos los niños, no sé, ¿por qué no?

LA MADRE
El mismo carácter, el mismo horrible mal carácter,

19

son clavados, iguales y cabezotas.
Como es él ahora, será ella más adelante.

CATHERINE

Usted nos mandó una tarjeta,
me mandó una tarjeta, una tarjetita, y flores, me acuerdo.
Tuvo, fue, tuvo un detalle muy agradable y me emocionó,
pero es verdad,
nunca la ha visto.
Y hoy tampoco, qué se le va a hacer, no, hoy tampoco
será cuando eso cambie.
Ya se lo contaré.
Le habíamos, le enviamos una foto de ella —sale muy
pequeñita, muy menudita, es un bebé, ¡ese tipo de
bobadas!—,
y en la foto no se parece a Antoine, para nada, no se parece
a nadie,
cuando eres tan pequeño no te pareces a nada,
no sé si la recibió.
Ahora está muy distinta, una niña, y no podría reconocerla,
ha crecido y tiene pelo.
Una pena.

ANTOINE

Déjalo, le aburres.

LOUIS

Para nada,
por qué dices eso, no me digas eso.

CATHERINE

Le aburro, aburro a todo el mundo con lo de los niños,
una cree ser interesante.

LOUIS

No sé por qué ha dicho eso,

no lo he entendido,
¿por qué has dicho eso?,
qué maldad, no, maldad no, qué desagradable.
No me aburre nada, todo eso de mis ahijados, sobrinos,
mis sobrinos, no son mis ahijados, mis sobrinos, sobrinas,
mi sobrina, me interesa.

También hay un niño, se llama como yo.
¿Louis?

CATHERINE
Sí, ya me perdonará.

LOUIS
Si me hace ilusión, me emociona, me emocioné.

CATHERINE
Hay un niño, sí.
El niño tiene
ahora tiene seis años.
¿Seis años ya?
No sé, ¿qué más?
Se llevan dos años, dos años de diferencia.
¿Qué más podría contar?

ANTOINE
No he dicho nada,
¡no me mires así!
¿Ves cómo me mira?
¿Qué he dicho?
Lo que he dicho no debe, no debería, lo que he dicho no
debería impedirte…
no he dicho nada que te pueda contrariar,
está contrariada,
apenas te conoce y se siente contrariada,

Catherine es así.
Yo no he dicho nada.
Si te está escuchando.
¿A ti te interesa?
Te está escuchando, lo ha dicho,
que el tema le interesa, nuestros hijos, tus hijos, mis hijos,
eso le gusta,
¿te gusta?
Le apasiona, es alguien al que le apasiona la descripción
de nuestra prole,
le gusta ese tema de conversación,
no sé por qué, qué se me ha pasado por la cabeza,
su cara no daba sensación de aburrimiento
lo he debido de decir sin pensar.

CATHERINE
Sí, no, no estaba pensando en eso.

LOUIS
Esto es una pesadez y no está bien.
Me siento incómodo,
perdóname,
perdone,
no te culpo, pero me has hecho sentir incómodo y ahora,
en este momento,
me siento incómodo.

ANTOINE
Encima va a ser culpa mía.
En un día tan bonito como este.

LA MADRE
Estaba hablando de Louis,
Catherine, hablabas de Louis,
del crío.
Déjale, ya sabes cómo es.

CATHERINE
Sí. Perdón. Estaba diciendo
que se llama como usted, pero la verdad es que…

ANTOINE
¡Perdón!
¿Vale? Perdón, no he dicho nada, hagamos como que no
he dicho nada,
pero no me mires así,
no sigas mirándome así,
sinceramente, sinceramente,
¿qué he dicho?

CATHERINE
Ya lo he oído.
Ya te he oído.

Estoy diciendo que se llama así principalmente,
y ese es más bien el origen
— lo estoy contando yo —,
se llama así principalmente por su padre e inevitable-
mente,
por deducción/

ANTOINE
Los reyes de Francia.

CATHERINE
Mira, Antoine,
mira, me callo, me da igual,
¡cuéntalo tú!

ANTOINE
Pero si no he dicho nada,
era una broma,

ya no se puede ni bromear,
si en un día como hoy no se puede bromear…

La Madre
Está de broma, esa broma ya la ha hecho antes.

Antoine
Explícalo.

Catherine
Se llama como su padre,
creo, creemos, creímos, creo que hicimos bien,
a Antoine le hacía ilusión, es una idea que lo, que le, una
idea importante para él,
y yo,
no le vi inconveniente
—no es un nombre que me horrorice.
En mi familia tenemos el mismo tipo de tradiciones,
quizá las seguimos menos.
No me doy mucha cuenta, solo tengo un hermano, por
desgracia, y no es el mayor, así que
lo del nombre de los padres o del padre del padre del hijo
varón, del primogénito, todas esas historias…
Y además,
ya que usted no tenía hijos, ya que no tiene hijos,
—porque habría sido lo lógico, lo sabemos…—,
lo que quería decir:
pero como no tiene hijos
y lo dice Antoine,
lo dices tú, lo dijiste,
Antoine dice que no tendrá
—no es que estemos decidiendo sobre su vida, pero creo
que no le falta razón. A partir de cierta edad, salvo alguna
excepción, uno abandona, renuncia—,
como no tiene hijos,

sobre todo es eso,
como no tendrá hijos,
era lógico
(lógico no es una bonita palabra para algo que por lo
general es alegre y solemne, como el bautizo de los hijos,
bueno)
era lógico, ya me entendéis,
podría parecer solo una tradición, cosas del pasado, pero
es que también es así como vivimos,
parecía lógico,
y es lo que pensamos, que lo llamaríamos Louis,
como su padre, o sea, como usted de hecho.
También creo que a su madre le hace ilusión.

ANTOINE
Pero tú sigues siendo el mayor, de eso no hay ninguna
duda.

LA MADRE
Es realmente una pena que no puedas verle.
Y si más adelante tú…

LOUIS
Y entonces, para ese niño,
¿cómo habéis dicho? ¿«El heredero varón»? ¿No envié
una tarjeta?

ANTOINE
¡Pero joder, que no es de eso de lo que te está hablando!

CATHERINE
¡Antoine!

ESCENA III

SUZANNE

Cuando te fuiste
— yo no me acuerdo de ti —,
no sabía que te ibas para tanto tiempo, no me di cuenta,
no estaba pendiente de eso,
y de pronto me vi sin nada.
Te olvidé bastante rápido.
Era pequeña, jovencita, eso dicen, que era pequeña.

No está bien que te hayas ido,
ido tanto tiempo,
no está bien y no me hace bien a mí,
y no le hace bien a ella
(ella no te lo va a decir)
y tampoco les hace bien, en cierto modo,
a ellos, a Antoine y Catherine.
Pero además
— y no creo equivocarme —,
pero además no debe, no debió, no debe de hacerte bien a ti,
a ti tampoco.
A veces habrás,
aunque jamás lo confieses,
 aunque jamás tengas que confesarlo
— y sí se trata de una confesión —,
seguro que tú también habrás,
(como digo)
tú también,
a veces has debido de necesitarnos y lamentar no poder
decírnoslo.
O, de forma más sagaz
— creo que eres un hombre sagaz, un hombre que podríamos
calificar de sagaz, un hombre «lleno de cierta sagacidad» —,

o incluso de forma más sagaz, a veces has debido de lamentar no poder transmitirnos que nos necesitabas y obligarnos a que saliera de nosotros el preocuparnos por ti.

A veces nos mandabas cartas,
a veces nos mandas cartas,
no son cartas, ¿qué son?,
anotaciones, solo anotaciones, una o dos frases, nada, ¿cómo se llaman?,
elípticas.
«A veces, nos mandabas cartas elípticas».
Pensaba, cuando te fuiste,
(lo que pensé cuando te fuiste),
cuando era pequeña, cuando nos dejaste tirados (aquí empieza todo),
pensaba que tu trabajo, a lo que te dedicabas o a lo que te ibas a dedicar en la vida,
lo que querías hacer en la vida,
pensaba que tu trabajo era escribir (sería escribir)
o que, de cualquier modo,
—y aquí tanto unos como otros sentimos, lo sabes, no puedes no saberlo, cierta forma de admiración, esa es la palabra exacta, cierta forma de admiración hacia ti por ello—,
o que, de cualquier modo,
si tuvieses la necesidad,
si sintieses la necesidad,
si te vieses, de pronto, en la obligación o lo deseases, sabrías escribir,
utilizar la escritura para salir de un mal bache o para seguir avanzando.
Pero nunca, en lo que a nosotros respecta,
nunca utilizas esa posibilidad, ese don (se dice así, es una especie de don, creo, te ríes) nunca, en lo que a nosotros respecta, utilizas esa cualidad —esa es la palabra y es una

27

curiosa palabra tratándose de ti —, nunca utilizas esa cualidad que tienes con nosotros, para nosotros.
No nos das prueba de esa cualidad, no nos consideras dignos de ella.
Eso es para los demás.

Esas anotaciones
— las frases elípticas —,
esas anotaciones siempre van al dorso de las postales
(tenemos ya una colección envidiable)
como si quisieras así parecer estar siempre de vacaciones,
no sé, es lo que me parecía,
o incluso, como si, de antemano,
quisieras reducir el lugar que nos ibas a dedicar y dejar a la vista de todos los irrelevantes mensajes que nos envías.
«Estoy bien y espero que vosotros también».
E incluso para un día como hoy, incluso para anunciar una noticia tan importante, y no puedes no saber que para nosotros fue una noticia importante,
para todos nosotros, aunque los demás no te lo digan,
solo escribiste, una vez más, unas rápidas indicaciones sobre el día y la hora al dorso de una postal comprada seguramente en un estanco en la que se ve, si no recuerdo mal, una nueva ciudad de la periferia, vista desde el aire con, en primer plano, fácilmente reconocible, el recinto ferial internacional.

Ella, tu madre, mi madre,
dice que has hecho y sigues haciendo,
y desde que él murió,
que has hecho y sigues haciendo lo que tenías que hacer.
No deja de repetirlo
y si por casualidad tuviésemos, aunque solo fuera un poco,
si insinuásemos, nos atreviéramos a insinuar que quizá,
¿cómo decirlo?,

no siempre estuviste tan tan presente,
ella contesta que «has hecho y sigues haciendo lo que
tenías que hacer»,
y nosotros nos callamos,
¿qué vamos a saber?
No te conocemos.
Una cosa que creo, que he creído y Antoine piensa como yo,
me lo confirmó cuando pensó que sobre este y otros pun-
tos tenía ya edad para entender,
es que nunca olvidaste las fechas clave de nuestras vidas,
los cumpleaños, fueran los que fueran,
que siempre estuviste cerca de ella, en cierto modo,
y que no tenemos ningún derecho a reprocharte tu ausencia.

Qué raro,
yo quería ser feliz y serlo contigo
—es lo que una piensa, se prepara para ello—,
y te hago reproches y me escuchas,
pareces escucharme sin interrumpirme.
Sigo viviendo aquí con ella.
Antoine, Catherine y los niños
—yo soy la madrina de Louis—,
tienen una casita… un chalet, iba a rectificar,
no sé por qué te deben de gustar (me da esa sensación) te
deben de gustar esos ligeros matices, casita… bueno,
como mucha gente, a unos kilómetros de aquí, por allí,
hacia la piscina descubierta del polideportivo,
coges el autobús 9 y luego el 62 y luego tienes que andar
un poco más.
Está bien, a mí no me gusta, nunca voy, pero está bien.
No sé por qué,
lo cuento,
y todo eso me da casi ganas de llorar,
todo eso,
que Antoine viva cerca de la piscina.

No, no está bien,
es un barrio bastante feo, lo están reconstruyendo, pero
no tiene arreglo,
no me gusta nada el sitio donde vive, está lejos,
no me gusta,
siempre vienen ellos aquí y nosotras nunca vamos allí.
Las postales podías escogerlas mejor, no sé, las habría
pinchado en la pared, ¡se las habría podido enseñar a mis
amigas!
Bueno. No pasa nada.
Sigo viviendo aquí con ella. Me gustaría irme, pero ya no
puede ser,
no sé cómo explicarlo,
cómo decirlo,
así que no lo digo.
Antoine cree que tengo tiempo,
siempre está diciendo cosas así, ya verás (quizá ya te
hayas dado cuenta),
dice que no estoy mal,
y, es verdad, si lo piensas,
—y es verdad, lo pienso, me río, eso es, me hago reír a mí
misma—,
es verdad, aquí no estoy mal, no es lo que estoy diciendo.
No me voy, me quedo,
vivo donde he vivido siempre, pero no estoy mal.
Quizá
(¿acaso se pueden saber este tipo de cosas?)
quizá mi vida sea siempre así, hay que resignarse, bueno,
hay gente y además es la mayoría,
hay gente que se pasa la vida en el lugar donde nació
y donde nacieron, antes que ellos, sus padres,
no son desdichados,
hay que conformarse,
o por lo menos no se puede decir que sean desdichados
por eso,

y quizá ese sea mi sino, esa es la palabra, mi destino, esta
vida.
Vivo en el segundo piso, tengo mi habitación, me quedé
con ella, y también la habitación de Antoine
y también la tuya si quiero,
aunque con esa no hacemos nada,
es como un trastero, no es por maldad, metemos allí los
trastos que ya no sirven pero que no nos atrevemos a tirar,
y en cierto modo
es mucho mejor,
es lo que dicen todos cuando se meten conmigo,
mucho mejor que lo que podría encontrar con el dinero
que gano si me fuese.
Es como una especie de apartamento.
Es como una especie de apartamento, pero, y ya me callo,
pero no es mi casa, es la casa de mis padres,
no es lo mismo,
seguro que tú puedes entenderlo.

También hay cosas que son mías, enseres domésticos,
todo eso, la tele y los aparatos de música
y arriba, en mi cuarto, tengo más,
ya te lo enseñaré,
(sí, Antoine otra vez)
arriba es más acogedor que aquí abajo,
no, «aquí abajo» no, no te rías de mí,
«que aquí».
Todas estas cosas son mías,
aún no las he pagado todas, no he terminado,
pero son mías,
y vendrían a quitármelas directamente a mí si no las
pagase.

¿Y qué más?
Hablo demasiado, aunque no es verdad,

cuando hay alguien hablo mucho, pero el resto del tiempo,
no,
a la larga se compensa,
en proporción soy más bien callada.
Tenemos un coche, no es solo mío, pero ella no ha querido
aprender a conducir,
dice que le da miedo,
y hago yo de chófer.
Es muy práctico, nos resulta muy útil y no tenemos que
pedir nada a nadie.

Ya está.

Lo que quiero decir es que todo va bien y que habrías
hecho mal,
en efecto,
en preocuparte.

ESCENA IV

LA MADRE
  Los domingos…

ANTOINE
  ¡Mamá!

LA MADRE
  No he dicho nada,
  se lo estaba contando a Catherine.
  Los domingos…

ANTOINE
  Se lo sabe de memoria.

CATHERINE

Déjala hablar,
no quieres dejar hablar a nadie.
Iba a hablar ella.

LA MADRE

Esto le incomoda.

Trabajábamos,
su padre trabajaba, yo trabajaba
y los domingos
— estoy contándolo, no escuches —,
los domingos... porque entre semana las tardes son cortas
y al día siguiente madrugábamos, las tardes entre semana
no eran igual,
los domingos salíamos a pasear.
Siempre y por sistema.

CATHERINE

¿Dónde vas, qué haces?

ANTOINE

A ningún sitio,
no voy a ningún sitio,
¿dónde quieres que vaya?
Estoy aquí quieto, escuchando.
Los domingos...

LOUIS

Quédate con nosotros, ¿por qué no? Qué pena.

LA MADRE

Lo que dije antes:
tú ya no le conoces, el mismo mal carácter,
cabezota,

¡ya desde pequeño era así y solo así!
Y muchas veces por placer,
siempre fue tal y como le ves.

Los domingos
—como os cuento—,
los domingos salíamos a pasear.
No había un solo domingo que no saliéramos, como un
rito, así lo llamaba yo, un rito,
una costumbre.
Salíamos a pasear, imposible librarse.

SUZANNE

Son anécdotas de antes,
de cuando yo era demasiado pequeña
o ni siquiera existía.

LA MADRE

Bueno, cogíamos el coche,
hoy ya no hacéis esas cosas,
cogíamos el coche,
no éramos extremadamente ricos, no, pero teníamos
coche y creo que siempre conocí a su padre con coche.
Incluso antes de que nos casáramos, ¿casásemos?
antes de casarnos, yo ya le veía
—le observaba—,
tenía coche,
uno de los primeros que hubo por aquí,
viejo y feo y ruidoso, demasiado,
pero bueno, era un coche,
él había trabajado y era suyo,
era el suyo, y no estaba poco orgulloso.

ANTOINE

No nos cabe duda.

LA MADRE

Después, el coche, más adelante,
pero ellos no deben de acordarse,
no pueden, eran demasiado pequeños,
no me doy bien cuenta o sí, quizá,
lo cambiamos,
nuestro coche era largo, más bien alargado,
«aerodinámico»,
y negro,
porque negro, eso decía, eran sus ideas,
negro sería más «chic», usaba esa palabra,
pero era más bien porque no había encontrado otro.
Rojo, le conozco, rojo, sí, creo que sí, es lo que habría preferido.

Las mañanas de los domingos, lo lavaba, le sacaba brillo,
qué maniático,
le llevaba dos horas
y por la tarde, después de comer,
nos íbamos.
Siempre fue así, no sé,
durante varios años, muchos y bonitos años,
todos los domingos como una tradición,
los festivos no, pero todos los domingos,
lloviese o tronase,
así hablaba él, con frases para cada situación de la vida,
«llueva, truene o haga sol»,
todos los domingos salíamos a pasear.

A veces también
el primer domingo de mayo, no sé por qué,
quizá alguna fiesta,
el primer domingo después del 8 de marzo, que es el día
de mi cumpleaños,
y bueno cuando el 8 de marzo caía en domingo,

35

y también el primer domingo de las vacaciones de verano
—decíamos que nos «íbamos de vacaciones», tocábamos
el claxon y, por la noche, cuando volvíamos, decíamos
que después de todo, en casa estábamos mejor,
tonterías—,
y también un poco antes de empezar los colegios, ahí al
revés, como si volviésemos de vacaciones, siempre andá-
bamos con lo mismo,
a veces,
lo que intentaba contaros,
íbamos al restaurante,
siempre a los mismos restaurantes, aquí cerca y los due-
ños nos conocían y siempre comíamos lo mismo,
las especialidades y lo de temporada,
fritura de carpa o ancas de rana con nata, pero a estos no
les gusta.

Después, cumplieron trece y catorce años,
Suzanne era pequeña, no se querían mucho, siempre
estaban a la greña, eso enfadaba mucho a su padre, fueron las últimas veces y luego ya nada fue igual.

No sé por qué estoy contando esto, me callo ya.

Y a veces también picnics,
sin más, íbamos al río,
¡qué maravilla!,
bueno, es verano y comes en la hierba, ensalada de atún y
arroz y mayonesa y huevos duros
—a este le sigue gustando muchísimo el huevo duro—,
y luego dormíamos un poco, su padre y yo, sobre la
manta, una manta gruesa verde y roja,
y ellos jugaban a pegarse.
Era estupendo.

Luego, y no lo digo con maldad,
luego estos dos se hicieron demasiado mayores, o vete tú
a saber, ¿acaso podemos saber cómo todo desaparece?
Ya no quisieron venir más con nosotros, cada uno se iba
por su lado a montar en bici, cada uno a lo suyo,
y los dos solos con Suzanne
ya no valía la pena.

ANTOINE
Es culpa nuestra.

SUZANNE
O mía.

ESCENA V

LOUIS
Fue hace apenas diez días quizá
—¿dónde estaba yo?—,
debía de ser hace diez días
y quizá fue también por esta única e ínfima razón por lo
que decidí volver aquí.
Me levanté
y dije que vendría a verlos,
a visitarles,
y después, los siguientes días,
a pesar de las buenísimas razones que me di,
ya no cambié de opinión.

Hace diez días,
estaba en mi cama y me desperté,
tranquilamente, sosegado,
—hace tiempo,

hoy un año, lo he dicho al principio,
hace tiempo que ya no me pasa, seguir encontrándome
cada mañana teniendo solo en mente para empezar,
empezar de nuevo,
teniendo solo en mente la idea de mi futura muerte —,
me desperté, tranquilamente, sosegado,
con este pensamiento extraño y nítido

no sé si voy a poder contarlo bien

con este pensamiento extraño y nítido
de que mis padres, de que mis padres,
y también la gente, todos los demás, en mi vida,
la gente más cercana a mí,
de que mis padres y todos a los que me acerco o que se
acercaron a mí,
también mi padre en el pasado, pongamos que me acuerdo,
mi madre, mi hermano aquí hoy
y también mi hermana,
que todo el mundo, tras haberse hecho una determinada
idea de mí,
tarde o temprano ya no me quiera, dejase de quererme
y que ya nadie me quisiera
(lo que quiero decir)
«a fin de cuentas»,
como por desánimo, como por cansancio de mí,
que me abandonasen siempre porque yo pido ese abandono

tenía esa impresión, no encuentro las palabras,
cuando me desperté,
—durante un instante sales del sueño, todo es nítido,
crees que lo tienes, pero enseguida desaparece —,
de que siempre me abandonaron
poco a poco,
a mí mismo, a mi soledad rodeado de gente,

por no saber llegar a mí,
tocarme,
así que deben renunciar,

y renuncian a mí, renunciaron a mí,
todos,
en cierta forma,
después de haberse esforzado tanto por que me quedara
a su lado,
y también a decírmelo,
porque los desmoralizo,
y porque quieren creer que dejarme en paz
fingiendo no preocuparse ya por mí, es quererme todavía
más.

Entendí que esta falta de amor de la que me quejo y que
siempre fue para mí la única razón de mis cobardías,
y que no había visto hasta entonces,
que esta falta de amor siempre hizo sufrir más a los
demás que a mí.

Me desperté con la extraña y desesperada idea y también
indestructible
de que me querían vivo como desearían quererme muerto
sin poder ni saber nunca decírmelo.

Escena VI

LOUIS
No dice usted nada, no se la oye.

CATHERINE
Perdón, no, no sé.
¿Qué quiere que diga?

LOUIS

Siento el incidente de antes,
quería que lo supiera.
No sé por qué ha dicho eso Antoine, no lo he entendido.
Nunca quiere que sienta interés, ya le habrá prevenido
contra mí.

CATHERINE

No pensaba en ello, ya no pensaba en ello, no ha tenido
importancia.
¿Por qué dice eso?
«Ya le habrá prevenido contra mí»,
que «ya me habrá prevenido contra usted»,
vaya una idea.
Él habla de usted como debe hacerlo y de todos modos
no lo hace mucho,
casi nunca,
no creo que hable de usted y jamás en esos términos,
nunca le oí algo así, se equivoca.

Él cree, creo yo, cree que usted no quiere saber nada de
él, eso es, que no quiere saber nada de su vida, que su
vida no significa nada para usted,
yo, los niños, todo eso, su trabajo, el trabajo al que se
dedica…
¿Sabe cuál es su profesión, a qué se dedica?
No sé si se le puede llamar realmente profesión,
usted sí tiene una profesión, una profesión es lo que uno
ha aprendido, para lo que se ha preparado, ¿me equivoco?
¿Usted conoce su situación?
No es mala, podría ser peor, no es para nada mala.
Su situación usted no la conoce,
¿sabe en qué trabaja? ¿Lo que hace?
No es un reproche, no me gustaría que se lo tomase así,
si se lo toma así, hace mal, se equivoca,

no es un reproche:
ni yo misma puedo decir, es que ni yo misma sabría exactamente, con exactitud, sabría decirle cuál es su función.
Trabaja en una pequeña fábrica de herramientas,
por ahí,
así es como se dice, una pequeña fábrica de herramientas,
sé dónde está,
a veces voy a esperarle,
ahora ya casi nunca, pero antes iba a esperarle,
construye herramientas, me imagino, es lo lógico, supongo,
¿qué más podría contar?
Debe de construir herramientas, pero tampoco sabría explicarle todas esas pequeñas operaciones que realiza día tras día, y a usted no podría reprocharle que tampoco lo supiera, no.
Pero él puede deducir,
y deduce seguramente,
que a usted no le interesa su vida,
—o si lo prefiere, no me gustaría que parezca que le estoy juzgando—, él probablemente cree,
creo que él es así,
y usted debe de acordarse, de joven no debía de ser muy diferente,
él probablemente cree que lo que hace no es interesante o susceptible, esa es la palabra exacta, o susceptible de interesarle a usted.
Y no es ser mezquina,
(¿mezquino, quizá?)
y no es mezquino, no,
pensar que no se equivoca del todo,
¿no cree? ¿O me equivoco? ¿Me estoy equivocando?

LOUIS
No es mezquino, eso es,
es más adecuado.

Lo que yo quiero, lo que yo quería,
me alegraría poder…

CATHERINE

No me diga nada, le interrumpo, es preferible que no me
diga nada y que le diga a él lo que tenga que decirle.
Creo que es mejor y usted no verá ningún inconveniente
en ello.
Yo no cuento y no le diré nada a él,
soy así
mi papel no es ese
o al menos no es así como lo imagino.
Ahora es usted el que está,
¿cómo dijo antes?,
«prevenido contra mí».

LOUIS

No tengo nada que decir ni que no decir, no se me ocurre.

CATHERINE

Muy bien, entonces perfecto, con más razón aún.

LOUIS

¡Vuelva! ¡Cathérine!

ESCENA VII

SUZANNE

Esa chica, no lo piensas la primera vez que la ves,
te crees que es frágil y desvalida, tuberculosa o huérfana
desde hace cinco generaciones,
pero es un error,
no hay que fiarse:

ella sabe escoger y decidir,
es simple, clara, precisa.
Se expresa bien.

LOUIS

¿Tú sigues igual, Suzanne?

SUZANNE

¿Yo?

LOUIS

Sí. «Igual». ¿Dando «tu opinión»?

SUZANNE

No, la verdad es que,
cada vez menos.
Hoy un poco, pero ya casi nada.
Última salva en tu honor, solo para que lo eches de menos.
¿Sí?
¿Cómo dices?

LOUIS

¿Qué?

SUZANNE

En general, normalmente, Antoine, en este momento,
Antoine me dice:
«Que te calles, Suzanne».

LOUIS

Perdona, no lo sabía.
«Que te calles, Suzanne».

ESCENA VIII

LA MADRE
No es asunto mío,
suelo meterme donde no me llaman, no cambio, siempre
he sido así.
Quieren hablar contigo y todo eso,
los he oído,
pero es que también los conozco,
lo sé,
¿cómo no iba a saberlo?
Aunque no los hubiese oído, me resultaría muy fácil adivinarlo,
lo adivinaría sola, que sería lo mismo.
Quieren hablar contigo,
en cuanto supieron que volvías, pensaron que podrían
hablar contigo,
hace tiempo que tienen unas cuantas cosas que decirte y
por fin, tienen la posibilidad.

Querrán explicarte, pero te lo explicarán mal,
porque no te conocen, o mal,
Suzanne no sabe quién eres,
eso no es conocer, es imaginar,
está siempre imaginando y no sabe nada de la realidad,
y Antoine, él,
Antoine es distinto,
te conoce, pero a su manera, como con todo y con todos,
como conoce las cosas o como quiere conocerlas,
haciéndose su propia idea y no queriendo dar su brazo a
torcer.

Ellos querrán explicarte

y es probable que lo hagan
y con torpeza
quiero decir,
porque les dará miedo el poco tiempo que les concedes,
el poco tiempo que pasaréis juntos,
—yo tampoco me hago ilusiones, yo tampoco creo que te
vayas a alargar mucho con nosotros, por aquí.
Nada más llegar,
te vi,
nada más llegar ya estabas pensando que habías cometido
un error y te habría gustado irte al instante,
no me digas nada, no digas que no—, les dará miedo
(otra vez se trata de miedo)
les dará miedo la falta de tiempo y lo harán con torpeza,
y lo expresarán mal o demasiado deprisa,
de forma demasiado abrupta, lo que es lo mismo,
y también bruscamente,
porque son bruscos, siempre lo han sido y siguen siéndolo
y duros también,
son sus formas,
y tú no lo entenderás, sé cómo va a suceder
y cómo ha sucedido siempre.
Contestarás con apenas dos o tres palabras
y permanecerás tranquilo, algo que aprendiste solo
—no fuimos ni tu padre ni yo,
tu padre mucho menos,
no fuimos nosotros los que te enseñamos esa forma tan
hábil y odiosa de mantener la calma en cualquier circunstancia, no lo recuerdo
o no soy responsable—,
contestarás con apenas dos o tres palabras,
o sonreirás, es lo mismo,
les sonreirás
y solo recordarán, más tarde,
luego, después,

cuando se duerman por la noche,
solo recordarán esa sonrisa,
es la única respuesta que querrán conservar de ti,
y será esa sonrisa a lo que darán vueltas y más vueltas,
nada habrá cambiado, al contrario,
y esa sonrisa habrá empeorado las cosas entre vosotros,
será como la huella del desprecio, la peor de las heridas.

Suzanne, por su parte, estará triste por esas dos o tres
palabras, por «esas únicas dos o tres palabras» soltadas
como migajas,
o por esa sonrisa que acabo de decir,
y debido a esa sonrisa,
o a esas «únicas dos o tres palabras»,
Antoine será todavía más duro,
más brusco,
cuando tenga que hablar de ti,
o silencioso y negándose a abrir la boca,
lo que será todavía peor.

A Suzanne le gustaría irse,
quizá ya te lo haya dicho,
marcharse lejos y vivir otra vida
(o eso cree ella)
en otro mundo, todas esas historias.
No fue nada muy distinto, si lo recordamos,
(yo lo recuerdo)
nada muy distinto a ti, pero tú más joven que ella
e igualmente grave.
El mismo abandono.
Él, Antoine, querría tener más libertad, no sé, es la palabra que dice cuando se enfada
—viéndole nadie lo pensaría, pero suele estar enfadado—,
le gustaría vivir de otra forma con su mujer y sus hijos
y ya no deber nada,

otra cosa que se toma muy a pecho y que repite sin parar,
ya no deber nada.
¿A quién, el qué? No sé, es una frase que dice a veces, de
vez en cuando.
«Ya no deber nada».
Bueno. Yo le escucho. Se trata de eso y nada más.

Y quieren pedirte eso a ti,
parece que quieren pedirte permiso a ti,
vaya una idea,
y tú piensas que no lo entiendes,
que no les debes nada
y que ellos no te deben nada,
y que pueden hacer lo que quieran con su vida,
todo esto, en cierto modo,
y no es pensar mal de ti,
a ti todo esto te da igual y no te concierne.
Quizá no te falte razón,
ha pasado demasiado tiempo, (de ahí viene todo),
nunca quisiste ser responsable y nunca podríamos obli-
garte a serlo.
(Quizá estés pensando, no sé,
por decir,
quizá estés pensado que me equivoco,
que me lo invento,
y que no tienen nada que decirte
y que el día acabará tal y como ha empezado,
sin esa necesidad, de manera banal. Bien. Quizá).

Lo que ellos quieren, lo que querrían, es quizá que los
alientes,
—¿acaso no fue eso lo que siempre les faltó, que los
alentasen?—,
que los alientes, que les des permiso o que les prohíbas
hacer tal o tal cosa,

que les digas,
que digas a Suzanne
—aunque no sea verdad, ¿qué tiene de malo una mentira?
No es más que una promesa que hacemos sabiendo de
antemano que no la cumpliremos—,
que le digas a Suzanne que vaya alguna vez,
dos o tres veces al año,
a verte,
que podrá,
que podría ir a verte, si de pronto le apetece,
si le entrasen ganas,
que podría ir allí donde vives ahora
(no sabemos dónde vives).
Que puede moverse, ir y venir y que te interesas por ella,
no que parezca que te interesas, sino que te interesas, que
te preocupas.

Que le hagas,
a Antoine,
que le hagas sentir que ya no es responsable de nosotros,
de ella o de mí,
—nunca lo ha sido,
lo sé mejor que nadie,
pero siempre creyó que lo era,
siempre ha querido creerlo,
y siempre ha sido así, todos estos años,
quería ser responsable de mí y responsable de Suzanne
y es el mayor deber que cree tener en la vida
y también es un dolor y una especie de crimen por haber
robado un papel que no le corresponde—,
que le hagas sentir,
imaginarse,
que le hagas imaginarse que él a su vez podría, llegado el
momento, abandonarme,
cometer tal cobardía
(para él estoy convencida de que lo es),

que estaría en su derecho, que es capaz de ello.
No lo hará,
se construirá otros obstáculos
o se lo prohibirá por otras razones aún misteriosas,
pero le gustaría tanto imaginárselo, atreverse a imaginarlo.
Es un chico que imagina tan poco, me entristece mucho.

Los dos querrían que estuvieras más aquí,
más presente,
más a menudo presente,
poder localizarte, llamarte,
pelearse contigo y reconciliarse y perderte el respeto,
ese famoso respeto obligatorio hacia los hermanos mayores,
ausentes o extraños.
Tú serías un poco responsable
y ellos, por su parte, se convertirían,
estarían en su derecho de hacerlo y podrían abusar de
ello,
y a su vez se convertirían por fin en unos completos
tramposos.

¿Vas a sonreír?
¿O a decir esas «únicas dos o tres palabras»?

LOUIS
No.
Solo voy a sonreír. Te estaba escuchando.

LA MADRE
Lo que yo digo…
¿Qué edad tienes,
qué edad tienes ahora?

LOUIS
¿Yo?

49

¿Me lo preguntas?
Tengo treinta y cuatro años.

LA MADRE

Treinta y cuatro años.
Para mí también son treinta y cuatro años.
No me doy bien cuenta:
¿es mucho tiempo?

ESCENA IX

LA MADRE

Estamos de sobremesa, siempre fue así:
la comida se alarga,
no hay nada que hacer, estiras las piernas.

CATHERINE

¿Quiere más café?

SUZANNE

¿Le vas a tratar de usted toda la vida, se van a tratar de
usted siempre?

ANTOINE

¡Suzanne, que hagan lo que quieran!

SUZANNE

¡Oye tú vete ya a la mierda!
No te estoy hablando a ti, no me estoy dirigiendo a ti, ¡no
es contigo con quien hablo!
Que deje de estar pendiente de mí todo el rato,
para ya de estar pendiente de mí todo el rato,
no te he pedido nada,
¿qué he dicho?

ANTOINE

 ¿Qué manera es esa de hablarme?

 Nunca te había oído hablarme de esa manera.

 Quiere lucirse,

 es porque está aquí Louis, es porque estás aquí,

 estás aquí y quiere lucirse.

SUZANNE

 ¿Qué tendrá que ver con Louis,

 qué estás diciendo?

 No es porque esté aquí Louis,

 ¿qué estás diciendo?

 ¡Vete a la mierda, que te vayas a la mierda!

 ¿Lo entiendes? ¿Lo captas? ¿Lo pillas?

 Y si hace falta, con corte de mangas incluido. ¡Toma, un

 corte de mangas!

LA MADRE

 ¡Suzanne!

 No dejes que se vaya,

 ¿pero qué es todo esto?

 ¡Deberías ir a por ella!

ANTOINE

 Ya volverá.

LOUIS

 Sí, por favor, un poco de café, gracias.

ANTOINE

 «Sí, por favor, un poco de café, gracias».

CATHERINE

 ¡Antoine!

51

ANTOINE
¿Qué?

LOUIS
Te estabas riendo de mí, lo estabas intentando.

ANTOINE
¡Todos iguales, sois todos iguales! ¡Suzanne!

CATHERINE
¡Antoine! ¿Adónde vas?

LA MADRE
Ya volverán.
Siempre vuelven.

Me alegra, no lo he dicho, me alegra que estemos todos
aquí, reunidos.
¿Adónde vas?
¡Louis!

CATHERINE *se queda sola.*

ESCENA X

LOUIS
Al principio, lo que piensas
—yo lo pensé—,
lo que siempre piensas, supongo,
es tranquilizador, es para tener menos miedo,
te repites a ti mismo esta solución como cuando duermes
a un niño,
lo que por un instante piensas,

lo esperas,
es que el resto del mundo desaparecerá contigo,
que el resto del mundo podría desaparecer contigo,
apagarse, sucumbir y no sobrevivirme.
Irse todos conmigo y acompañarme y no volver jamás.
Llevármelos y no estar solo.

Luego, pero más tarde
—la ironía ya ha vuelto, me tranquiliza y me guía de
nuevo—,
luego sueñas, yo soñé,
sueñas con ver a los otros, al resto del mundo, tras morir.
Los juzgarás.
Los imaginas en el desfile, los miras,
ahora son tuyos, los observas y no los quieres mucho,
quererlos demasiado afligiría y amargaría y esa no debe
ser la norma.
Son previsibles,
te diviertes, yo me divertía,
los organizas y haces y deshaces el orden de sus vidas.
También te ves tumbado, mirándolos desde las nubes, no
sé, como en los libros para niños, es una idea.
¿Qué harán conmigo cuando ya no esté?
Te gustaría mandar, dirigir, aprovecharte como un medio-
cre de su desasosiego y manejarlos todavía un poco más.
Te gustaría oírlos, yo no los oigo,
hacerles decir rotundas tonterías
y saber por fin qué piensan.
Lloras.
Estás bien.
Estoy bien.

A veces es como un sobresalto,
a veces, me sigo aferrando, me lleno de odio,
de odio y de rabia,

echo cuentas, me acuerdo.

Muerdo, a veces muerdo.

Lo que había perdonado, lo retiro,

soy un ahogado capaz de matar a sus rescatadores, les hundo la cabeza en el río,

os destrozo sin remordimiento, con ferocidad.

Critico.

Estoy en mi cama, es de noche y debido al miedo,

no consigo dormirme,

vomito odio.

Me calma y me agota

y ese agotamiento me permitirá por fin desaparecer.

Al día siguiente, vuelvo a estar tranquilo, lento y pálido.

Os voy matando uno a uno, vosotros no lo sabéis y yo soy el único superviviente,

moriré el último.

Soy un asesino y los asesinos no mueren,

tendréis que abatirme.

Pienso mal de la gente,

no quiero a nadie,

a vosotros nunca os he querido, era mentira,

no quiero a nadie y soy un solitario,

y siendo solitario, no corro riesgos,

lo decido yo todo,

también la Muerte, ella es mi decisión

y morir os destroza y lo que quiero es destrozaros.

Muero por despecho, muero por maldad y mezquindad, me sacrifico.

Vosotros sufriréis más tiempo y con más severidad que yo y os veré, porque os conozco, os miraré y me reiré de vosotros y odiaré vuestro dolor.

¿Por qué la Muerte debería hacerme bueno?

Esa es una idea de alguien vivo preocupado por sus posibles equivocaciones.

Malo y mediocre, ya solo tengo miedos minúsculos y preocupaciones ínfimas,

lo peor:
¿qué haréis conmigo y con mis cosas?
No es algo bello, pero no ser bello hará que se me añore
menos.

Más adelante,
hace unos meses,
hui.
Veo mundo, quiero convertirme en un viajero, deambular.
Todos los moribundos tienen esas pretensiones, abrirse
la cabeza contra las ventanas del cuarto,
dar absurdos aletazos,
vagar una vez perdido
y creer que desapareces,
correr por delante de la Muerte,
pretender darle esquinazo,
que nunca pueda alcanzarme o que nunca sepa dónde
encontrarme.
Donde estaba y siempre estuve, ya no estaré, estaré lejos,
escondido en grandes espacios abiertos, en un agujero,
mintiéndome y riéndome burlonamente.
Veo mundo.
Me gusta ser un diletante, un joven engañosamente frágil
que languidece y finge ser lo que no es.
Soy un extranjero. Me protejo. Pongo caras de circunstancia.
Tendríais que haberme visto, con mi secreto, en la sala de
espera de los aeropuertos, ¡qué convincente era!
La cercana Muerte y yo
nos despedimos,
paseamos,
caminamos de noche por las calles desiertas ligeramente
brumosas y disfrutamos mucho.
Somos elegantes y desenfadados,
somos fascinantemente misteriosos,
no dejamos que nada se entrevea

y los recepcionistas, de noche, nos respetan, podríamos
seducirlos.
Yo no hacía nada,
fingía,
sentía nostalgia.
Descubro países, me gusta que sean literarios, leo libros,
vuelvo a ver algunos recuerdos,
a veces doy grandes rodeos solo para volver a empezar,
y otros días,
sin saber ni comprender,
de pronto quería evitarlo todo y no reconocer.
No creo en nada.

Pero cuando una noche,
en el andén de la estación
(es una imagen bastante convencional),
en una habitación de hotel,
este mismo, «Hotel de Inglaterra, Neuchâtel, Suiza» u
otro, «Hotel del rey de Sicilia», me da igual, o en el
segundo comedor de un restaurante lleno de juerguistas
donde cenaba solo rodeado de indiferencia y ruido,
alguien me dio un suave golpecito en el hombro y me
dijo con una amable sonrisa de niño perdido:
«¿Todo esto para qué?».
Ese «¿todo esto para qué?»
representante de la Muerte
—por fin ella me había encontrado sin haberme buscado—,
ese «¿todo esto para qué?» me llevó a casa, me devolvió
allí, alentándome a volver de mis ridículas e inútiles
escapadas
y ordenándome dejar de jugar ya.
Ya es hora.

Cruzo de nuevo el paisaje en dirección contraria.
De cada lugar, incluso el más feo o el más absurdo,

quiero anotar que lo veo por última vez,
pretendo recordarlo.
Vuelvo y espero.
Ahora me estaré quieto, lo prometo,
no montaré más jaleo,
solemne y discreto, como se suele decir.
Pierdo. He perdido.
Recojo, ordeno, vengo aquí de visita, dejo las cosas tal
cual, intento acabar, sacar conclusiones, estar tranquilo.
Ya no gesticulo y suelto frases simbólicas llenas de insi-
nuaciones gratificantes.
Disfruto.
Nada me halaga tanto ahora como mi propia angustia.
También a veces,
«en los últimos tiempos»
me sonreía a mí mismo como si me fueran a hacer una
fotografía.
Os la pasáis con los dedos con cuidado para no mancharla
o dejar huellas culpables.
«Era exactamente así»,
y es tan mentira,
si lo pensaseis un momento, lo admitiríais,
era tan mentira,
yo solo fingía.

Escena XI

Louis
No he llegado esta mañana, he viajado de noche,
salí ayer por la tarde y quería haber llegado antes y he
renunciado a medio camino,
paré,
eso quería decir,

y esta madrugada estaba en la estación,
sobre las tres o las cuatro.
Esperaba una hora decente para venir.

ANTOINE
¿Por qué me cuentas eso?
¿Por qué me dices eso?
¿Qué debo contestar,
debo contestar algo?

LOUIS
No sé, no,
te lo cuento, quería que lo supieras,
no tiene importancia,
te lo cuento porque es verdad y quería contártelo.

ANTOINE
No empieces.

LOUIS
¿Qué?

ANTOINE
Ya lo sabes. No empieces,
vas a querer soltarme una de tus historias,
me voy a perder,
es que te estoy viendo, me vas a soltar una de tus historias.
Que estabas en la estación, esperando
y, poco a poco, me irás asfixiando.
Bueno.
Has viajado de noche, ¿y todo bien? ¿Qué tal ha ido?

LOUIS
No, como he dicho, no tiene importancia.
Sí, ha ido bien.

No sé, un viaje bastante anodino, parece que siempre que-
réis creer que vivo a miles, cientos, miles de kilómetros.
He viajado, y ya está.
Si tú no quieres decir nada, yo no digo nada.

ANTOINE

Ese no es el problema,
no he dicho nada, te escucho.
Ahora, en este instante, no te lo estaba impidiendo.
¿Entonces?
¿La estación?

LOUIS

No, nada, nada que valga la pena,
nada esencial,
como estaba diciendo, pensaba que quizá te habría hecho
feliz,
bueno,
feliz no, puesto contento,
pensaba que podría haberte puesto contento que te lo
contase,
o saberlo, alegrado saberlo.
Estaba en el bar de la estación,
no sé a qué hora llegué, quizá hacia las cuatro,
estaba en el bar y esperaba, estaba allí, no iba a venir aquí
directamente,
faltar tanto tiempo y desembarcar así, de improviso,
no, ellas podrían haberse asustado,
o también no haberme abierto,
—me imagino bastante bien a Suzanne, así, tal y como la
veo, como la descubro, me imagino bastante bien a
Suzanne recibiéndome con una escopeta—,
no,
esperaba y pensé para mí,
lo pensaba y por eso lo he comentado,

son ideas que se te pasan por la cabeza y luego piensas
que tendrás que contarlas otra vez (consejos que te das a
ti mismo),
pensé para mí,
o sea me aconsejé decírtelo más adelante, cuando te viera,
y también sí, decírtelo solo a ti, sobre todo, se trata de
eso,
ocultárselo a ellas porque podrían enfadarse,
pensé que te diría que había llegado mucho antes y que
había estado dando vueltas.

ANTOINE
Eso es,
es justo eso, lo que yo decía,
tus historias,
y luego uno se agobia
y yo
tengo que escuchar y nunca sabré qué es verdad y qué es
falso,
cuánto hay de mentira.
Eres así,
si hay algo
(¡y no es lo único!),
si hay algo que recuerdo cuando pienso en ti,
es todo eso, esas historias tuyas para nada,
historias de las que no entiendo nada.

Estabas callado.
Te estabas tomando un café, debías de estar tomándote
un café
y te dolía la tripa porque tú no fumas y esos sitios, por la
mañana temprano,
lo sé mejor que tú,
esos sitios apestan a humo y dan ganas de potar
con todo el humo cayéndote encima y dándote dolor de

cabeza y de ojos.
Leías el periódico,
debes de haberte convertido en esa clase de hombre que
lee periódicos, periódicos que yo nunca leo
—a veces, veo sentados frente a mí a hombres que leen
esos periódicos y pienso en ti y me digo, esos son los
periódicos que debe de leer mi hermano, debe de pare-
cerse a esos hombres, e intento leer al revés y acabo
dejándolo y paso, hago lo que me da la gana—,
estabas intentando leer el periódico
porque, los domingos por la mañana, en el bar de la
estación,
están todos esos chavales que han salido de juerga
y hacen ruido y siguen divirtiéndose
y tú, en tu rincón,
no consigues ni leer, concentrarte en la lectura
y el humo del tabaco te da ganas de irte,
y piensas en eso, punto.
Te estabas arrepintiendo,
te arrepientes de haber hecho este viaje,
no es que te arrepientas, es que no sabes por qué has
venido, desconoces la razón.
Yo tampoco sé por qué has venido
y nadie lo entiende,
y quieres lamentar que no lo sepamos,
porque si lo supiéramos, si lo supiera,
todo te resultaría más fácil, te llevaría menos tiempo
y ya te habrías librado de ese suplicio.

Has venido porque tú lo has decidido,
se te ocurrió un buen día,
la idea, era solo una idea,
¿cómo dijiste antes?
¿Un «consejo» que te hiciste, diste? Joder,
o quizá fue hace muchos años,

yo qué sé, ¿cómo voy a saberlo?,
quizá desde el primer día,
nada más irte, en el tren, o al día siguiente, enseguida
—siempre fuiste así, lamentando una cosa y la contraria—,
desde hace ya muchos años te decías a ti mismo,
te lo repetías sin cesar,
te decías que tarde o temprano tendrías que visitarnos,
vernos, volver a vernos,
y entonces, de repente, te decidiste, no sé.
¿Te crees que para mí eso es importante?
Te equivocas, para mí no es importante, ya no puede
serlo.

No pensabas nada, lo sé, te estoy viendo.
No pensabas nada,
no pensabas que luego me dirías algo,
que luego me dirías lo que fuera,
eso son bobadas, te lo estás inventando.
Ha sido ahora, ahora mismo,
me has visto
y te has inventado todo esto para hablar conmigo.
No pensabas nada porque no me conoces,
crees que me conoces, pero no me conoces,
¿por ser tu hermano ibas a conocerme?
Eso también son bobadas,
tú ya no me conoces, hace mucho que ya no me conoces,
no sabes quién soy,
nunca lo has sabido,
no es culpa tuya y tampoco mía,
yo tampoco te conozco
(pero al menos yo no pretendo nada),
no nos conocemos
y uno no se imagina que le va a decir tal o tal cosa a
alguien que no conoce.
Lo que uno quiere decir a alguien que se imagina

también se lo imagina,
vamos, historias y más historias.

Lo que tú quieres, lo que querías,
me has visto y no sabes cómo pillarme,
«por dónde cogerme»,
—siempre decís eso «no se sabe por dónde cogerle»
y también, os he oído, «hay que saberle llevar»,
lo que se suele decir de alguien malo y brusco—,
tú querías pillarme y has lanzado eso,
empiezas la conversación, sabes hacerlo muy bien,
es un método, no es más que una técnica para ahogar y
matar animales,
pero yo no quiero,
no me apetece.
Por qué estás aquí, no quiero saberlo,
tienes derecho, punto, nada más,
y también tienes derecho a no estar aquí,
pues yo igual.
En cierto modo, esta es tu casa y puedes estar aquí siempre que quieras y también puedes irte, también estás en
tu derecho,
no es asunto mío.
No todo es excepcional en tu vida,
en tu banal vida,
también llevas una vida banal, eso no debe darme miedo,
no todo es excepcional,
puedes intentar hacer que todo sea excepcional
pero no todo lo es.

LOUIS
¿Adónde vas?

ANTOINE
No quiero estar aquí.
Vas a ponerte a hablarme,

querrás hablar conmigo
y yo tendré que escucharte
y no me apetece escuchar.
No quiero. Tengo miedo.
Siempre tenéis que estar contándomelo todo,
siempre, continuamente,
así ha sido siempre, me habláis y yo tengo que escuchar.
La gente cree que los que no dicen nada solo quieren
escuchar,
pero a menudo, y tú no lo sabes,
me callaba para dar ejemplo.

¡Catherine!

INTERMEDIO

ESCENA I

LOUIS
Como si fuera de noche en pleno día, no se ve nada, solo oigo los ruidos, escucho, estoy perdido y no encuentro a nadie.

LA MADRE
¿Qué has dicho?
No lo he oído, repite,
¿dónde estás?
¡Louis!

ESCENA II

SUZANNE
Tú y yo.

ANTOINE
Lo que quieras.

SUZANNE
Yo te oía, gritabas,

no, creí que gritabas,
creía oírte,
te buscaba,
os estabais peleando, os habéis reencontrado.

ANTOINE
Me he cabreado, nos hemos cabreado,
no pensé que él sería así,
pero «por lo general», los demás días,
no somos así,
no éramos así, no lo creo.

SUZANNE
No, no siempre.
Los demás días cada uno vamos a lo nuestro,
sin rozarnos.

ANTOINE
Nos entendemos.

SUZANNE
Hay amor.

ESCENA III

LOUIS
Y luego, de nuevo en mi sueño,
todas las estancias de la casa estaban alejadas entre sí,
y no podía llegar a ellas,
tenía que caminar durante horas y no reconocía nada.

VOZ DE LA MADRE
¡Louis!

Louis

> Y para no tener miedo, como cuando camino de noche,
> ahora soy un niño
> y tengo que volver corriendo,
> me voy repitiendo eso,
> o más bien me lo canturreo para oír solo el sonido de mi voz,
> y solo eso,
> me canturreo que, a partir de ahora,
> lo peor sería,
> «lo sé perfectamente,
> lo peor
> sería enamorarme,
> lo peor sería
> querer esperar un poco,
> lo peor sería…».

Escena IV

Suzanne

> Lo que no entiendo…

Antoine

> Yo tampoco.

Suzanne

> ¿Te ríes? Nunca te veo reírte.

Antoine

> Lo que no entendemos.

Voz de Catherine

> ¡Antoine!

SUZANNE

(*Grita.*) ¿Qué?

Lo que no entiendo y nunca he entendido…

ANTOINE

Y es poco probable que jamás llegue a entender.

SUZANNE

Que jamás llegue a entender.

VOZ DE LA MADRE

¡Louis!

SUZANNE

(*Grita.*) ¿Qué? ¡Estamos aquí!

ANTOINE

Lo que tú no entiendes…

SUZANNE

No estaba tan lejos, podía haber venido a vernos

más a menudo,

y tampoco era una tragedia,

ni un drama ni una traición,

eso es lo que no entiendo,

o no puedo entender.

ANTOINE

«Es así».

No hay otra explicación, punto.

Siempre fue así, deseable,

no sé si se puede decir así,

deseable y lejano,

distante, lo más adecuado para esta situación.

Se fue y jamás sintió la necesidad o el simple anhelo.

ESCENA V

CATHERINE
¿Dónde están?

LOUIS
¿Quiénes?

CATHERINE
Ellos, los demás.
Ya no oigo a nadie,
Antoine y usted se estaban peleando,
estoy segura,
oía a Antoine enfadado
y ahora es como si todos se hubieran ido
y nos hubiéramos perdido.

LOUIS
No sé. Deben de estar por ahí.

CATHERINE
¿Dónde va? ¡Antoine!

VOZ DE SUZANNE
¿Qué?

ESCENA VI

SUZANNE
¿Y ser infeliz?
¿Estar quizá triste y ser infeliz?

ANTOINE

Pero no lo eres y nunca lo has sido.
Él es el Hombre infeliz,
ese que dejó de verte todos estos años.
Hoy crees que no eras feliz,
pero sois iguales,
él y tú,
y yo también soy como vosotros,
has decidido simplemente que no lo eras, que no debías
serlo y has querido creerlo.
Querías no ser feliz porque él estaba lejos,
pero esa no es la razón, no es una buena razón,
no puedes hacerle responsable,
no es para nada una razón,
es solo un acuerdo contigo misma.

ESCENA VII

LA MADRE

Os estaba buscando.

CATHERINE

Yo no me he movido, no la había oído.

LA MADRE

¿Era Louis, al que oía, era Louis?

CATHERINE

Se ha ido por allí.

LA MADRE

¡Louis!

Voz de Suzanne
¿Qué? ¡Estamos aquí!

Escena VIII

Suzanne
¿Por qué nunca contestas cuando te llamamos?
Te ha estado llamando, Catherine te ha estado llamando,
y a veces nosotras también,
nosotras también te llamamos,
pero nunca contestas
y entonces hay que buscarte, tenemos que buscarte.

Antoine
Si siempre me encontráis,
nunca he estado perdido mucho tiempo,
no recuerdo que nunca me hayáis,
«a fin de cuentas»,
que nunca me hayáis perdido completamente.
Aquí mismo, al lado, me tenéis a mano.

Suzanne
Aunque intentes que me sienta aún más triste,
o mal, lo que es lo mismo,
no funciona.
Tú también tienes tus acuerdos contigo mismo,
me los conozco, ¿crees que no me los conozco?

Antoine
Lo que yo decía:
«encontrado».

Suzanne
¿Qué?

No te entiendo, no te pases de listo, ¿qué has dicho?
¡Vuelve!

ANTOINE
¡Que te calles, Suzanne!

Ella se ríe, ahí, sola.

ESCENA IX

LA MADRE
Louis.
¿No me oías? Te estaba llamando.

LOUIS
Estaba ahí. ¿Qué pasa?

LA MADRE
No sé.
Nada, pensaba que te habías ido.

SEGUNDA PARTE

Escena I

LOUIS

Y más tarde, hacia el final del día,
es justo así,
cuando lo pienso,
como me había imaginado las cosas,
hacia el final del día,
sin haber dicho nada de lo necesitaba decir
—es solo una idea, pero no es representable—,
sin haber querido nunca hacer tanto daño,
me puse en camino,
pedí que me llevaran a la estación,
que me dejasen irme.

Prometo que no pasará tanto tiempo
antes de que vuelva,
miento,
prometo venir de nuevo, muy pronto,
ese tipo de frases.

Las semanas, quizá los meses siguientes
llamo por teléfono, doy noticias,
escucho lo que me cuentan, me esfuerzo,

mi amor está lleno de buena voluntad,
pero en realidad era la última vez,
es lo que pienso sin dejar entreverlo.   ˎ

Ella me acaricia una sola vez la mejilla,
con suavidad, como explicándome que me perdona no sé
qué crímenes,
y de esos crímenes que desconozco, me arrepiento,
siento remordimientos.

Antoine está en el umbral de la puerta,
juguetea con las llaves del coche,
dice varias veces que para nada pretende meterme prisa,
que no quiere que me vaya,
que para nada me echa,
pero que es hora de irse,
y aunque todo eso sea verdad,
parece que quiere que me largue, es la imagen que da,
es la idea que me llevo.
No me retiene
y, sin decírselo, me atrevo a culparle de ello.

De eso es de lo que me vengo.
(Un día me concedí todos los derechos).

ESCENA II

ANTOINE
    Voy a acompañarle,
    te acompaño,
    lo que podemos hacer, lo que podríamos hacer,
    sería práctico,
    lo que podemos hacer es llevarte,

acompañarte de camino a casa,
nos queda de paso, de camino, casi no tenemos que des-
viarnos,
y así te acompañamos, te dejamos allí.

Suzanne
Yo también puedo,
os quedáis, cenamos todos juntos,
le llevo, le llevo yo,
y luego vuelvo.
Todavía mejor,
aunque nunca me escucháis
y lo decidís vosotros todo,
todavía mejor, cena con nosotros,
puedes cenar con nosotros
—no sé por qué me molesto—

y coge otro tren,
¿qué más da?
Todavía mejor,
veo que no sirve de nada…

Di algo.

La Madre
Que hagan lo que quieran.

Louis
Todavía mejor, duermo aquí, paso la noche, me marcho
mañana,
todavía mejor, mañana como en casa,
todavía mejor, ya no trabajo nunca más,
renuncio a todo,
me caso con mi hermana, vivimos felices.

ANTOINE

Suzanne, he dicho que le acompañaba yo,
está insoportable,
está todo solucionado, pero quiere cambiarlo todo otra
vez,
estás insoportable,
se quiere ir esta noche y tú todo el rato dale que dale,
quiere irse pues que se vaya,
yo le llevo, le dejamos, nos pilla de camino,
no es ninguna molestia.

LOUIS

Hacemos de la necesidad virtud.

ANTOINE

Eso es, justo, exactamente,
¿cómo se dice?,
«matamos dos pájaros de un tiro».

SUZANNE

Pero qué desagradable eres,
¿a qué viene eso?
Eres desagradable, ¿ves cómo le hablas?,
es increíble lo desagradable que eres.

ANTOINE

¿Yo?
¿Es a mí?
¿Que yo soy desagradable?

SUZANNE

Ni siquiera te das cuenta,
es alucinante lo desagradable que eres,
tú no te oyes, si te oyeses…

ANTOINE

¿Y eso ahora a qué viene?
Lo que decía, hoy está inaguantable,
no sé qué tiene en mi contra,
no sé qué tienes en mi contra,
estás distinta.
Si es por Louis, por la presencia de Louis,
no sé, intento entender,
si es por Louis,
Catherine, no sé,
no estaba diciendo nada,
quizá es que ya no entienda nada,
Catherine, ayúdame,
no estaba diciendo nada,
estamos organizando cómo llevar a Louis,
él quiere irse,
yo le llevo, digo que le llevo, no he dicho nada más,
¿qué más he dicho?
No he dicho nada desagradable,
¿por qué iba a decir algo desagradable,
qué hay de desagradable en eso,
hay algo desagradable en lo que digo?
¡Louis! Tú qué piensas,
¿he dicho algo desagradable?

¡No me miréis todos así!

CATHERINE

Ella no te ha dicho nada malo,
eres un poco brusco, no se te puede decir nada,
no te das cuenta,
a veces eres un poco brusco,
ella solo quería hacerte una observación.

ANTOINE

¿Qué soy un poco brusco?

77

¿Por qué dices eso?
No.
Yo no soy brusco.
Sois todos horribles conmigo.

LOUIS

No, no ha sido brusco, no entiendo qué queréis decir.

ANTOINE

¡Mira, «don bondadoso», cállate de una vez!

CATHERINE

Antoine.

ANTOINE

¡No me pasa nada, no me toques!
Haced lo que queráis, yo no quería hacer daño, no quería
hacer ningún daño,
siempre tengo que hacer daño,
yo solo estaba diciendo,
me parecía bien, lo que yo quería decir
—¡tú tampoco me toques!—,
no he dicho nada malo,
solo estaba diciendo que podíamos llevarle y entonces
os ponéis a mirarme como a un bicho raro,
no había ninguna maldad en lo que he dicho, no está
bien, no es justo, no está bien que os atreváis a pensarlo,

¡dejad de tomarte todo el rato por imbécil!,
que haga lo que quiera, yo ya no quiero nada,
quería hacer un favor, pero me he equivocado,
es él quien dice que quiere irse y encima va a ser culpa
mía,
otra vez va a ser culpa mía,
no podemos estar siempre así,

no es justo,
no podéis estar siempre en mi contra,
no puede ser.

Yo solo decía,
yo solo quería decir
y no era con mala intención,
yo solo decía,
yo solo quería decir…

LOUIS
No llores.

ANTOINE
Tócame y te mato.

LA MADRE
Déjale, Louis,
déjale ya.

CATHERINE
Me gustaría que se fuese.
Perdóneme, no tengo nada en su contra, pero debería
irse.

LOUIS
Sí, yo también lo creo.

SUZANNE
Antoine, mírame, Antoine,
yo no quería hacerte daño.

ANTOINE
No me pasa nada, lo siento,
estoy cansado, ya no sé por qué, estoy siempre cansado,

desde hace tiempo, pienso que me he convertido en un
hombre cansado,
no es por el trabajo,
cuando estás cansado crees que es por el trabajo, o las
preocupaciones, el dinero, no sé, no,
estoy cansado, no sé explicarlo,
en mi vida he estado tan cansado como hoy.

No quería ser cruel,
¿cómo has dicho?,
«brusco», no quería ser brusco,
no soy un hombre brusco, no es verdad, eso es lo que
vosotros os imagináis, no me prestáis atención, decís que
soy brusco, pero no lo soy y nunca lo he sido,

has dicho eso y de repente ha parecido como si contigo y
con todos…
ya está, lo siento, ya está,

de repente ha parecido que contigo,
que en lo que a ti respecta,
y con todo el mundo,
con Suzanne también
y también con los niños, yo era brusco, como si me acusa-
seis de ser un hombre malo,
pero eso no es justo,
no es exacto.
Cuando éramos más jóvenes, él y yo,
Louis, lo recordarás,
él y yo, ya lo ha dicho ella, nos estábamos pegando siempre
y siempre ganaba yo, siempre, porque soy más fuerte,
porque estaba más cachas que él, quizá, no sé,
o porque este,
y seguramente sea más bien eso (justo ahora lo veo, se me
acaba de ocurrir)

porque este se dejaba ganar, perdía aposta y se hacía el
buenecito,
no sé,
hoy todo eso me da igual,
pero yo no era brusco, antes tampoco lo he sido,
simplemente tenía que defenderme,
todo esto es solo para defenderme.
No podéis acusarme.

No le digas que se vaya, que haga lo que quiera, también
es su casa,
tiene derecho, no le digas nada.

Estoy bien.

Suzanne y yo…
eso no es muy inteligente
(me da la risa, ríete conmigo, me da la risa,
no te quedes así,
¿Suzanne?
No iba a pegarle, no tengas miedo, ya se acabó),
eso no es muy inteligente, Suzanne y yo deberíamos estar
siempre juntos,
no deberíamos separarnos,
codo con codo, ¿cómo se dice?,
respaldarnos,
dos contra este no es suficiente, parece que no te das
cuenta,
contra este hacen falta al menos dos,
lo digo y me da la risa.
Llevas todo el día de su parte,
no le conoces,
no es malo, no,
no estoy diciendo eso,
aun así te equivocas,

porque tampoco es del todo bueno, te equivocas
y no es inteligente,
sí, eso es, sencillamente no es inteligente ponerse en mi
contra.

La Madre

Nadie se pone en tu contra.

Antoine

Ya. Seguramente. Puede ser.

Escena III

Suzanne

Y luego, un poco más tarde.

La Madre

Casi no nos movemos,
estamos las tres como ausentes,
les miramos, nos callamos.

Antoine

Dices que no te queremos,
te oigo decirlo, te lo he oído siempre,
no recuerdo ningún momento de mi vida que no hayas
dicho eso
en algún momento,
hasta donde alcanzo a recordar, pierdo la cuenta de la de
veces que no hayas acabado diciendo
—así es como zanjas si te atacan—,
pierdo la cuenta de la de veces que no hayas acabado
diciendo que no te queremos,
que no te queríamos,

que nunca nadie te quiso
y que eso es lo que te duele.
Eres pequeño, te lo oigo decir
y pienso, no sé por qué, sin poder explicarlo,
sin entenderlo realmente,
pienso,
y sin embargo no tengo pruebas

—lo que quiero decir y no podrías negarlo si quisieras
recordarlo conmigo,
lo que quiero decirte,
no te faltaba de nada y nunca sufriste lo que se conoce
como infelicidad.
Ni siquiera la injusticia de ser feo o poco agraciado y las
humillaciones que eso conlleva
las conociste y estuviste a salvo de eso—,

pienso,
pensaba,
que quizá, sin comprenderlo en realidad
(como algo que me superaba),
que quizá no andabas equivocado
y que, efectivamente, nuestros padres, yo, el resto de la
gente,
no éramos buenos contigo
y te hacíamos daño.
Tú me persuadías,
yo estaba convencido de que te faltaba cariño.
Te creía y te compadecía,
y ese miedo que sentía
—sí, una vez más, se trata del miedo—,
ese miedo que yo tenía a que nadie te quisiese nunca,
ese miedo a mí también me impedía ser feliz,
como siempre se sienten obligados a serlo por imitación
y preocupación los hermanos pequeños,

yo también era infeliz,
pero además culpable,
culpable también por no ser lo suficientemente infeliz,
por serlo solo obligándome a serlo,
culpable en silencio por no creérmelo.

A veces ellos y yo
y ellos dos, nuestros padres, hablaban de eso y encima
delante de mí,
como queriendo contar un secreto del que debían hacerme
también responsable.
Pensábamos,
y mucha gente, es algo que hoy pienso, mucha gente,
hombres y mujeres,
esos con los que debes vivir desde que nos dejaste,
mucha gente seguramente deba de pensarlo también,
pensábamos que no estabas equivocado,
que para repetirlo tanto, para gritarlo tan alto como se
gritan los insultos, debía de ser verdad,
pensábamos que, efectivamente, no te queríamos lo suficiente,
o al menos
que no sabíamos decírtelo
(y no decírtelo viene a ser lo mismo, no decirte lo suficiente que te queríamos debe de ser como no quererte lo
suficiente).
No nos lo decíamos tan alegremente,
aquí nunca nada se dice alegremente,
no,
no nos lo confesábamos,
pero con ciertas palabras, ciertos gestos, los más discre-
tos, los menos visibles,
con ciertas consideraciones
—otra expresión más que te hará sonreír, pero ni te imaginas
lo poco que me importa a estas alturas resultar ridículo—,

con ciertas consideraciones hacia ti,
nos ordenábamos, es una forma de hablar,
ocuparnos más a menudo y mejor de ti,
protegerte,
y alentarnos unos a otros para demostrarte
que te queríamos más de lo que jamás serás capaz de ver.

Yo cedía.
Debía ceder.
Siempre he tenido que ceder.
Hoy eso no importa, no importaba, son nimiedades
y yo a mi vez tampoco podría aducir,
anda que no tendría gracia,
una infelicidad insuperable,
pero sobre todo recuerdo una cosa:
cedía, te dejaba todo el terreno, debía mostrarme, me
repetían esa palabra,
debía mostrarme «razonable».
Debía hacer menos ruido, dejarte sitio, no contrariarte
y finalmente disfrutar del espectáculo tranquilizador de
tu subsistencia ligeramente prolongada.

Nos vigilábamos,
uno vigilaba al otro, nos hacíamos responsables de esa
infelicidad supuesta.
Porque toda tu infelicidad siempre fue una infelicidad
supuesta,
lo sabes tan bien como yo,
y esas también lo saben,
y hoy todo el mundo ve claramente ese juego
(esos con los que vives, los hombres, las mujeres, no me
vas a hacer creer lo contrario,
han debido de descubrir el engaño, estoy seguro de que
no me equivoco),
toda tu supuesta infelicidad no es más que un modo que
tienes, que siempre has tenido y que siempre tendrás,

—pues aunque quisieras no sabrías cómo librarte de él,
estás atrapado en ese papel—,
que tienes y que siempre has tenido de hacer trampas,
protegerte y huir.

A ti nunca te afecta nada,
quizá necesité años para saberlo,
pero a ti nunca te afecta nada,
nada te duele
—si te doliese, no lo dirías, también he aprendido eso—,
y toda tu infelicidad no es más que una forma de responder,
una forma que tienes de responder,
de estar ahí ante los demás y de no dejarles entrar.
Es tu forma de ser, tu apariencia,
la infelicidad en la cara como otros pueden tener un aire
de estupidez satisfecha,
has escogido eso y eso te ha servido y lo has conservado.

Y entre nosotros también nos hicimos daño,
ninguno tenía nada que reprocharse
y solo podían ser los otros los que te perjudicaban, pero
nos hacían a todos responsables,
a mí, a ellos,
y poco a poco fue siendo mi culpa, solo podía ser mi
culpa.
Debían de quererme demasiado ya que a ti no te querían
lo suficiente
y entonces quisieron quitarme lo que no me daban,
y ya no me dieron nada más,
y ahí estaba yo, cubierto de una bondad insustancial, sin
jamás poder quejarme,
sonriendo, jugando,
sintiéndome satisfecho, colmado,
sí, esa es la palabra, colmado,
mientras que tú, siempre, inexplicablemente, exudabas
una tristeza

de la que nada ni nadie, a pesar de los esfuerzos, habría podido desviarte y salvarte.

Y cuando te marchaste, cuando nos dejaste, cuando nos abandonaste,
ya no recuerdo qué palabra definitiva nos lanzaste a la cara,
una vez más debí de ser responsable de ello,
permanecer en silencio y admitir la fatalidad, y también compadecerte,
preocuparme por ti a distancia
y no volver a atreverme a decir una palabra en tu contra,
no volver ni siquiera a atreverme a pensar una palabra en tu contra,
quedarme ahí, como un bobo, esperándote.

Yo soy la persona más feliz de la Tierra,
y nunca me pasa nada,
y aunque me pase algo no puedo quejarme,
ya que «por lo general»,
nunca me pasa nada.
No porque pase una vez,
una sola e insignificante vez,
me voy a aprovechar como un cobarde.
Y las insignificantes veces fueron muchas, esas insignifi-cantes veces en las que podría haberme tumbado en el suelo para no volver a moverme nunca,
en las que me habría gustado quedarme en la oscuridad para no volver a contestar nunca,
esas insignificantes veces las acumulé y las tengo por cientos en la cabeza,
y nunca eran nada, a fin de cuentas,
¿qué eran?,
no podía mentarlas,
no sabría denominarlas

y no puedo reclamar nada,
es como si no me hubiera pasado nada, nunca.
Y es verdad, nunca me ha pasado nada y no puedo pretender que sí.

Ahí estás, delante de mí,
sabía que serías así, que me acusarías sin palabras,
que te plantarías ante mí para acusarme sin palabras,
y te compadezco y siento piedad por ti, es una palabra
anticuada,
pero siento piedad por ti,
y miedo también y preocupación,
y a pesar de toda esta ira, espero que no te pase nada
malo,
y ya empiezo a reprocharme
(aún no te has ido)
el daño que te hago hoy.

Estás ahí,
me agobias, ya no se pueden decir este tipo de cosas,
me agobias,
nos agobias,
te veo, siento todavía más miedo por ti que cuando era
pequeño,
y pienso que no puedo reprocharle nada a mi propia
existencia,
que es apacible y tranquila
y que soy un pobre imbécil que ya se está reprochando
haber estado a punto de lamentarse,
mientras que tú,
en silencio, vaya que sí, tan en silencio,
bueno, lleno de bondad,
esperas, metido en tu infinito dolor interior del que yo no
podría ni imaginarme el principio del principio.
No soy nada,

no tengo derecho,
y cuando nos vuelvas a dejar, cuando me dejes,
seré menos aún,
ahí estaré reprochándome las frases que he dicho,
buscándolas, encontrándolas tal y como fueron dichas,
menos aún,
con solo resentimiento,
resentimiento hacia mí.
¿Louis?

Louis
   ¿Sí?

Antoine
   He terminado.
   No voy a decir nada más.
   Solo los imbéciles o esos, llevados por el miedo, podrían
   haberse reído de esto.

Louis
   Yo no los he oído.

EPÍLOGO

LOUIS
Luego, lo que hago,
es irme.
No vuelvo nunca más. Muero unos meses después,
un año como mucho.

Una cosa que recuerdo y que también quiero contar (después habré acabado):
es verano, sucede durante esos años en que estoy ausente,
en el sur de Francia.
Debido a que me he perdido, por la noche, en la montaña,
decido caminar siguiendo la vía del tren.
Me evitará los meandros del camino, la ruta será más
corta y sé que pasa cerca de la casa en la que vivo.
De noche no circulan trenes, no hay peligro y así me
orientaré.
En un momento dado, llego a la entrada de un inmenso
viaducto,
domina el valle que vislumbro bajo la luna
y camino solo de noche,
a la misma distancia del cielo que de la Tierra.
Lo que pienso

(y es esto lo que quería contar)
es que debería pegar un grito enorme y espléndido,
un largo y alegre grito que resonase por todo el valle,
que debería darme esa alegría,
gritar de una vez,
pero no lo hago,
no lo hice.
Reemprendo el camino oyendo únicamente mis pasos
sobre la gravilla.

Son ese tipo de olvidos los que lamentaré.

Julio 1990
Berlín